MINISTÈRE DE L'INSTRUCTION PUBLIQUE
ET DES BEAUX-ARTS

DES CONDITIONS DU MARIAGE

EN FRANCE ET EN GERMANIE

DU IXᵉ AU XIᵉ SIÈCLE

PAR

M. J. DEPOIN

SECRÉTAIRE GÉNÉRAL DE LA SOCIÉTÉ HISTORIQUE ET ARCHÉOLOGIQUE
DE L'ARRONDISSEMENT DE PONTOISE ET DU VEXIN

Extrait du *Bulletin des sciences économiques et sociales du Comité
des travaux historiques et scientifiques*, année 1904

PARIS

IMPRIMERIE NATIONAL

MDCCCCVI

DES CONDITIONS DU MARIAGE

EN FRANCE ET EN GERMANIE

DU IXe AU XIe SIÈCLE

MINISTÈRE DE L'INSTRUCTION PUBLIQUE
ET DES BEAUX-ARTS

DES CONDITIONS DU MARIAGE

EN FRANCE ET EN GERMANIE

DU IXE AU XIE SIÈCLE

PAR

M. J. DEPOIN

SECRÉTAIRE GÉNÉRAL DE LA SOCIÉTÉ HISTORIQUE ET ARCHÉOLOGIQUE
DE L'ARRONDISSEMENT DE PONTOISE ET DU VEXIN

Extrait du *Bulletin des sciences économiques et sociales du Comité
des travaux historiques et scientifiques*, année 1904

PARIS

IMPRIMERIE NATIONALE

MDCCCCVI

DES CONDITIONS DU MARIAGE

EN FRANCE ET EN GERMANIE

DU IXe AU XIe SIÈCLE.

Nos recherches sur l'*Histoire des familles palatines* du IXe au XIe siècle nous ont mis en face d'une série de problèmes intéressant les conditions du mariage, principalement en France orientale et en Germanie, conditions sur lesquelles nous ne trouvions pas une documentation de nature à nous satisfaire.

De la précision donnée aux solutions de ces problèmes dépend en effet le sort de mainte conclusion d'importance capitale, au point de vue de la chronologie et des alliances des hauts dignitaires. Or si l'on est, pour la France surtout, grâce aux travaux de Léon Gautier, d'Antony Méray et de plusieurs autres éminents historiens, suffisamment fixé sur l'organisation sociale, quant aux conditions du mariage, au temps des trouvères et de la chevalerie, il n'en va pas de même pour la période précédente, celle des débuts du moyen âge.

Quand il s'agit d'étudier dans le détail les conditions sociales d'une époque où l'on n'écrivait rien que d'indispensable, où personne ne songeait à décrire les mœurs à la façon d'un Mercier ou d'un Balzac, l'écrivain se trouve en face de réelles difficultés si, méprisant les ressources d'une imagination facile, ou se refusant à assimiler l'une à l'autre des périodes très diverses d'aspect, il tient à ne rien affirmer qu'en s'appuyant sur des faits relatés à l'époque même où ils se passèrent.

C'est le seul mérite de ce travail, de n'en relever que de tels. Ils concernent l'âge des conjoints, le mode de conclusion des alliances, les obstacles à leur réalisation, les causes de rupture du lien conjugal et les délais de veuvage.

Ni les mœurs, ni les lois religieuses ou civiles ne prescrivent d'autre condition d'âge pour le mariage que l'aptitude physique. La généalogie des Mérovingiens démontre que les jeunes princes contractaient alliance dès l'âge de quatorze ans, époque considérée sous la féodalité comme date de la majorité royale et de l'aptitude à porter les armes et à être armé chevalier.

Pour les filles, on n'atteignait même pas cette limite, inférieure aux exigences du Code civil. Glismode, fille du comte saxon Immed, épousa, à treize ans, un comte de Bavière ; elle était sœur de saint Meinwerc, qui dirigea le diocèse de Paderborn dans les premières années du xi° siècle[1].

De même, Hathuide ou Hedwige, petite-nièce de Henri l'Oiseleur, née en 939, épousa à treize ans, en 952, Géron, fils du marquis Sigefroi ; elle perdit à vingt ans son jeune mari et en fut si affectée qu'elle se retira aussitôt dans un monastère, où elle passa les cinquante-cinq dernières années de sa vie[2].

Le mariage pouvait avoir lieu dès les premières semaines de la treizième année, peut-être même dès le cours de la douzième, mais il semble, d'après un texte de l'historien saxon Dietmar de Mersbourg, qu'il fallût une permission spéciale de l'évêque diocésain. Il s'agit d'une cousine de l'évêque de Verdun Wigfroi, Godila, qui épousa Luither vers 960[3].

On ne saurait émettre aucun doute sur le caractère effectif de ces unions précoces.

En effet Godila mit au monde son premier enfant alors qu'elle n'avait pas encore accompli sa treizième année.

Les fiançailles se faisaient, d'ailleurs, dès le berceau. Marie, fille d'Étienne, prétendant au trône d'Angleterre, fut fiancée à Galeran II, comte de Meulan, alors qu'elle était âgée de deux ans (*biennis*), détail qui a provoqué la plaisante erreur du président Levrier, collaborateur de l'*Art de vérifier les dates*, d'après lequel cette princesse se serait appelée *Bienne*[4]. Lucienne de Montlhéry fut fiancée à Louis le Gros, puis répudiée quelques années plus tard, avant d'être devenue nubile[5].

Rodolphe de Rinfelden, le futur *anticésar*, celui que les Guelfes proclamèrent empereur après l'excommunication de Henri IV, son beau-frère, par Grégoire VII, ayant été créé duc de Souabe en 1057, l'empereur Henri IV pour se l'attacher davantage, lui accorda la main de sa sœur, encore tout enfant (*tenera adhuc ætate desponsata est ei*), et on la confia à l'évêque de Constance pour qu'elle fût élevée dans son palais jusqu'à ce qu'elle se trouvât mûre pour le lit conjugal, *dum thoro conjugali maturesceret*, écrit Lambert de Schnafburg.

Ces alliances prématurées étaient souvent rompues ; les deux premières que nous avons citées n'aboutirent pas. Il en eût été ainsi de la troisième si Rodolphe de Rinfelden, inquiet à juste titre de l'avenir et soupçonnant

[1] *Vita S. Meinwerci*, ap. Leibnitz, *Scriptores rerum Brunsvicensium*, I, 518.

[2] Pertz, *Scriptores*, III, 837.

[3] Luitharius... Godilam..., cum licentia Virdunensis episcopi Wigfridi, consobrini ejus, sibi in conjugium desponsavit, quæ peperit ei, in tertio decimo ætatis suæ anno, primogenitum (Dietman, II, 26).

[4] Article sur les *Comtes de Meulan*, II, 687.

[5] Suger, *Vie de Louis le Gros*, ch. viii ; éd. Molinier, p. 19.

un revirement dans l'esprit du souverain, n'avait enlevé sa jeune fiancée avant l'âge convenu pour l'accomplissement du mariage.

Ces fiançailles, conclues alors que l'une des parties, et parfois toutes les deux, étaient hors d'état de contracter valablement, restaient sans conséquence aux yeux de l'Église; elles donnaient lieu seulement, au point de vue civil, à une réparation du préjudice causé tant par l'affront d'une rupture que par la chance perdue d'autres alliances, auxquelles faisait obstacle l'engagement pris.

Il en était autrement quand les fiançailles avaient été solennellement affirmées à l'église, dans une cérémonie qu'on appelait le *messaiement*. Les futurs devaient avoir l'âge de raison, et ils ne pouvaient contracter une alliance différente de celle ainsi conclue sans une dispense pontificale. Il y avait donc, dans les familles de haut rang, une série d'étapes avant le mariage définitif, celui qui liait réellement les époux jusqu'au terme de leur vie.

Ces usages constituaient un progrès vers l'émancipation des consciences. Aux temps mérovingiens, aussi bien chez les Francs que chez les Burgondes, les parents disposaient de leurs enfants et décidaient de leur vocation d'après les aptitudes physiques qui se révélaient vers la troisième année[1]. Si les pères de jeunes gens s'entendaient pour les conjoindre, les filles destinées au mariage n'avaient rien autre chose à faire que s'incliner en acceptant l'époux qu'on leur avait choisi. Tout l'effort du clergé se porta vers la substitution du libre consentement des parties à ces arrangements imposés. Dès les débuts d'un enseignement théologique en France avec les conciles du viiᵉ siècle, en Angleterre avec Augustin, en Frise et en Germanie avec Boniface, on voit s'ouvrir la lutte apostolique contre deux sortes d'unions : celles imposées par la contrainte ou celles formées entre trop proches parents. Non seulement la livraison pure et simple de la personne à la façon païenne est proscrite, mais des épousailles à l'église, même un mariage consacré, si tout cela n'a été qu'un simulacre masquant l'abus de la force, cela n'a plus aucune valeur. Le consentement apparent peut être infirmé plus tard par le serment du conjoint violenté.

Nous ne possédons plus, malheureusement, la correspondance échangée entre le pape et Hincmar de Reims au sujet du double mariage de Louis le Bègue. Dans sa prime jeunesse, le prince Louis s'était enfui de la cour de son père. Il se réfugia dans une province éloignée, dont le comte, Hardoin, était le père de son compagnon favori. Hardoin, non sans risques graves sans doute, accueillit le prince et lui donna bientôt la main de sa fille Ansgarde. De cette union naquirent Louis III et Carloman. C'était une mésalliance relative; Charles le Chauve refusa de la sanctionner. Plus tard, réconcilié avec son père, Louis le Bègue quitta sa première épouse pour en

[1] Cette coutume est mise en relief par nombre de textes hagiographiques.

prendre une autre, Adélaïde. Ce divorce s'accomplit sans obstacle religieux. La papauté, qui avait si vigoureusement agi contre le bigame Lothaire II, n'intervint pas. Pourtant Jean VIII, lorsqu'il vint en France, ne jugea pas la situation bien nette, car ayant couronné le roi, il refusa de faire le même honneur à Adélaïde. Quand Louis le Bègue mourut, quelque temps après, le pape fut extrêmement surpris que l'épiscopat français acceptât pour rois les fils d'Ansgarde au détriment du fils posthume de Louis et d'Adélaïde, le futur Charles le Simple.

Hincmar adressa à Rome des explications que le trop prudent Flodoard a évité de nous transmettre. Tandis que des épîtres insignifiantes sont presque en entier reproduites, celle-là n'est pas même analysée sérieusement. Le champ des conjectures reste ouvert. N'y eut-il pas une déclaration solennelle de Louis II par laquelle, pour faire rompre sa première chaîne, il aurait attesté, par exemple, que le comte Hardoin lui avait imposé le choix ou d'épouser sa fille qui s'était peut-être compromise, ou d'être remis aux mains paternelles? Une telle menace, étant donné le tempérament de Charles le Chauve, dont la dureté n'épargna ni ses neveux ni ses propres enfants, pouvait emporter un péril de mort, tout au moins la perte certaine de la liberté. Un mariage imposé par l'imminence d'un danger, et radicalement vicié dans sa source, devenait nul du fait seul d'une protestation solennelle. Mais les enfants qui en étaient nés bénéficiaient de la bonne foi présumée et de la reconnaissance de paternité dont ils avaient été publiquement l'objet. Dans ces conditions, le trône ne devait pas rester vacant en attendant la naissance d'un enfant dont le sexe ne pouvait être présumé. Telles furent, peut-être, les raisons que fournit Hincmar au Saint-Père. Le point de droit restait en tout cas controversable, car un certain nombre de hauts personnages, le comte de Paris et l'évêque Gauslin en tête, s'opposèrent à la proclamation des fils d'Ansgarde comme rois.

Si l'Église réprouvait le mariage forcé, à plus forte raison flétrissait-elle le rapt, qui se compliquait presque toujours, au point de vue social, de la mésalliance, et au point de vue religieux, de la violation d'un lieu saint.

L'éducation des jeunes filles se faisait dans les monastères de femmes, car, aux temps carolingiens, les couvents avaient concentré l'enseignement des lettres et des sciences. On sait à quel degré de savoir on atteignait, dans un centre comme l'abbaye de Gandersheim, fondée pour recevoir et instruire les filles de la maison de Saxe.

Roswida, qui la dirigea sur la fin du xe siècle, versifiait élégamment en latin; les pièces de théâtre qu'elle composa dans cette langue pour être représentées par ses pensionnaires, montrent qu'elle enseignait non seulement la littérature, mais la diction et le maintien. Mieux que dans un château toujours soumis aux risques de la guerre, les jeunes filles étaient en sûreté dans ces refuges fort accessibles d'ailleurs, et très loin d'être des *cloîtres* au sens moderne du mot, mais qu'un prestige religieux était censé devoir rendre inviolables.

On y recevait le jeune chevalier qui venait, sur la suggestion de ses parents, faire connaissance avec l'arrière-cousine qu'on lui proposait pour épouse et qu'il emmenait avec lui en partant, s'il s'en était épris. Ainsi se conclut le mariage de Henri l'Oiseleur avec sainte Mathilde.

Mais les choses ne se passaient pas toujours si correctement. L'intérêt politique ou la passion amenait des enlèvements, et pour arrêter ce désordre les conciles avaient déclaré nul le mariage entre l'auteur du rapt et sa victime — ou sa complice.

Ce n'était toutefois qu'une menace si le consentement de la fugitive était acquis. Ainsi Baudoin de Flandre enleva Judith, fille de Charles le Chauve, veuve du vieux roi d'Angleterre Ethelwolf, qui vivait retirée au monastère de Senlis. Giselbert de Masau enleva Hiltrude, fille de l'empereur Lothaire, élevée sans doute aussi dans un couvent. Ces unions, malgré les protestations des parents, finirent par être validées, le pape intervint même pour réconcilier Judith avec son père.

Dans un seul cas — le rapt d'une religieuse — les canons et les capitulaires ne souffraient pas d'accommodement. La séparation qu'ils imposaient n'était pas toujours acceptée. Le clergé, très ménager alors de l'excommunication, se bornant d'ordinaire à des remontrances, les conjoints illicitement unis continuaient à vivre maritalement. Parfois, après avoir protesté, l'autorité religieuse se relâchait; la femme était déliée de ses vœux, les époux soumis à une pénitence, mais le mariage était régularisé. Si cette décision n'intervenait pas, les enfants issus d'une cohabitation prohibée se trouvaient placés dans des conditions d'infériorité vis-à-vis de ceux qui, plus tard, seraient issus d'une union légitime. C'était — si l'on peut ainsi parler — une réserve masculine pour perpétuer la race, car ils n'étaient pas exclus *a priori* de l'héritage; mais le père, en vertu du droit de disposer de ses biens, ne leur attribuait pas l'état social réservé aux aînés.

Tancmar, issu de la première union de Henri l'Oiseleur avec une veuve voilée, Hadeburge, fut, après la naissance des fils de Henri et de Mathilde, écarté des hauts postes auxquels il s'était cru destiné : ce fut la cause d'une indignation qui le conduisit à la révolte et à une mort tragique.

Les enfants adultérins ne pouvaient pas non plus hériter des charges et n'avaient droit qu'à un modeste apanage leur assurant le minimum d'existence exigé par leur condition.

Guillaume, comte d'Angoulême sous Charles le Simple, avait eu deux enfants naturels. Le premier, Adémar, lui succéda et mourut peu après [1]. Le second, Arnaud, étant adultérin, fut exclu de la succession, qui passa

---

[1] Ces points ont été établis dans une communication sur les *Comtes d'Angoulême* au Congrès de 1903 (*Bull. de la Soc. hist. de la Charente,* 1904).

à son oncle et à ses cousins : il n'eut qu'un petit domaine; plus de trente ans après, il réussit à soulever le pays contre la domination de la branche cadette, l'Angoumois s'étant trouvé, par la mort sans héritiers de plusieurs frères, réuni au Périgord, et cette annexion irritant les habitants. Arnaud tua son cousin dans un combat et continua la dynastie des comtes d'Angoulême : mais il fallut un concours fort imprévu de circonstances pour lui donner le pouvoir. De même, Philippe, fils de Philippe Ier et de Bertrade de Montfort, ne reçut, à la mort de son père, qu'un apanage insignifiant.

Si les mésalliances étaient mal vues du monde et redoutées des parents, elles ne tombaient pas sous le coup des prohibitions canoniques, mais leurs effets n'étaient plus les mêmes au point de vue civil.

Les enfants nés d'un mariage inégal (*matrimonium impar*) n'héritent pas des charges. Le marquis Guillaume étant mort, fut remplacé par Udon de Stade, bien qu'il laissât un frère, Otton. Mais Otton était né d'une mère slave[1], et cette mésalliance le fit exclure.

La question des mésalliances se lie intimement à une autre, celle des unions entre parents ou alliés très proches, générales dans l'aristocratie franque, contre lesquelles l'Église et la législation civile du moyen âge s'efforcèrent à l'envi de réagir.

Nous ne parlons que pour mémoire de l'interdiction qui frappait, dès le début de la période qui nous occupe, tout projet d'union avec la veuve du père ou d'un frère, une belle-fille ou la sœur d'une première femme, pour ne nous arrêter qu'à celle qui atteignait les mariages conclus entre personnes du même sang.

Les empêchements au mariage, du chef de la consanguinité, ont donné lieu déjà à des communications au Congrès. Nous ne ferons donc qu'effleurer cette question, en précisant quelques points qu'il est impossible de passer sous silence.

Le Sénat romain avait fait autrefois une loi pour empêcher un oncle d'épouser sa nièce. Comme les classes élevées n'en tenaient plus compte, Théodose, frappé du scandale que causaient ces unions, promulgua en 397 une *loi triomphale* pour les interdire sous peine de mort et de confiscation, et il étendit cette prohibition aux mariages entre enfants de deux frères. L'innovation ne fut pas aisément acceptée. Arcadius atténua les rigueurs de la mesure en établissant le principe des dispenses impériales; et saint Augustin, parlant quelques années plus tard de cette loi qu'il trouve draconienne (*severissima*), dit que, si elle satisfait la délicatesse chrétienne, une telle prohibition, que la jurisprudence avait ignorée jusque-là, n'a point de base dans la loi naturelle.

---

[1] Otto frater Wilhelmi Marchionis, sed matrimonio impari, matre scilicet slavica natus, vir acer ingenio et manu impiger. (LAMBERTI *Annales*; PERTZ, *Scriptores*, V, 158.)

Pour calculer la parenté entre héritiers indirects, la magistrature romaine avait adopté le système des *degrés*. «L'arbre de parenté» pouvait se comparer à une échelle double dont chaque personnage occupe un échelon. On compte les échelons sans tenir compte du point de départ.

La parenté du fils au père est d'un degré ; celle des frères, de deux degrés, le père occupant l'échelon de jonction ; celle du neveu à l'oncle, de trois degrés, en remontant au grand-père du neveu ; celle des cousins germains, de quatre degrés.

L'Église romaine ayant introduit naturellement dans sa discipline le principe de la loi triomphale, les conciles du midi de la Gaule avaient prohibé dès le vᵉ siècle les mariages entre cousins germains. La réforme fut plus lente à pénétrer dans le Nord. Les évêques réunis à Paris en 613, l'ayant accueillie, cette disposition fut exceptée de l'édit qui sanctionna législativement les autres mesures de moralité sociale prises par le concile. Childéric II put donc épouser, un demi-siècle après, Bilichilde, fille de son oncle paternel Sigebert III : toutefois saint Léger, qui avait fait au couple royal les honneurs de sa cathédrale, adressa en secret des remontrances au prince sur l'irrégularité de cette alliance et lui suggéra, mais en vain, de la briser.

Lorsque saint Grégoire le Grand envoya Augustin évangéliser l'Angleterre, il lui recommanda de mettre un terme aux unions au troisième et au quatrième degré, c'est-à-dire — dans les termes de la jurisprudence romaine — d'appliquer la loi triomphale. Certaines alliances de rois anglo-saxons chrétiens prouvent, comme celle de Childéric II, que la prohibition concernant les cousins germains proprement dits était bien le maximum des prétentions de l'Église. Une lettre de saint Boniface au pape Zacharie, l'exhortant à refuser une dispense pour une union triplement consanguine, avec cette aggravation que l'épousée avait pris le voile à un moment donné, montre que d'ailleurs il était, même pour ce maximum, des accommodements avec les décrétales.

La question en était au même point au début du règne de Charlemagne. Le fils de Pépin s'éprit d'un premier amour pour Amalberge, fille de son oncle maternel Christian. Pour échapper à cette union que son éducation chrétienne lui faisait regarder comme incestueuse, Amalberge entra dans un monastère. Ce souvenir a-t-il hanté l'esprit de l'Empereur quand, dans sa résidence d'Aix-la-Chapelle, il étudiait avec les membres de l'Académie du Palais les bases d'une rénovation des codes dans le sens chrétien ? Ce qui est certain, c'est que le concile de Mayence, tenu en 813 sous son inspiration, marque une étape dans la voie des interprétations restrictives apportées aux précédentes dispositions canoniques.

La matière, en effet, était obscure — au point qu'un canoniste du xvᵉ siècle accusait ses devanciers de l'avoir tellement embrouillée, qu'elle était devenue incompréhensible à ceux qui croyaient la connaître, et de plus en plus inconnue à ceux qui ne l'avaient pas étudiée.

Comme la législation romaine n'était plus en vigueur depuis longtemps dans une grande partie de la France, puisque partout, au nord de la Loire, les familles sénatoriales s'étaient fondues dans les familles franques qui vivaient sous la législation salique, on n'avait plus l'occasion d'appliquer l'ancien calcul des degrés. On s'avisa qu'ils devaient être envisagés, non plus comme les gradins d'une échelle double, mais comme les marches de l'escalier d'un monument. On compta les degrés transversalement. Au début, cela revint presque au même, parce qu'on plaçait les parents sur la première ligne, les frères et sœurs sur la seconde, les cousins germains sur la troisième. Or les termes du pape Grégoire, dans sa lettre à Augustin, devenaient, en cette hypothèse, ambigus : «Connubia tertio quartove gradu jam illicita.» Pourquoi parler du troisième degré, si le quatrième emportait la prohibition? Il fallait que le pape entendît le mariage conclu avec la fille d'un cousin germain : le *de cujus*, allié à son cousin germain au troisième degré, l'était au quatrième avec la fille de celui-ci. L'expression de Grégoire : *tertio quartove gradu*, se trouve reprise par des auteurs du ix⁰ siècle, pour indiquer cette parenté, et la jeune fille placée sur l'échelon inférieur est désignée dans les textes par l'expression de *neptis consanguinea*. C'était la parenté de Louis le Pieux et de Judith, sa seconde femme : de là les protestations de Frédéric, évêque d'Utrecht, contre cette union. Elle était postérieure de six ans au concile de Mayence, mais il ne faut pas oublier qu'on était en pleine réaction contre l'Académie du Palais, et que tous les conseillers de Charlemagne étaient proscrits. D'ailleurs les historiens présentent la passion de Louis pour Judith comme née d'une sorte de coup de foudre, et il est certain qu'elle ne connut pas de limites.

Au reste, cinquante ans plus tard, un petit-fils de Louis le Pieux, l'empereur Louis II, put — avec dispense sans doute — épouser Engelberge, fille de son oncle paternel.

Les mariages entre cousins issus de germain peuvent, en tout cas, être considérés comme la *règle générale des unions* entre familles palatines au ix⁰ siècle. On voulait ainsi, en se maintenant dans ce *degré certain* de consanguinité, se prémunir contre toute chance de mésalliance, et c'est précisément le terme (*certus gradus*) que le concile de Mayence avait visé pour établir la prohibition.

La compilation de Réginon, qui devint la base de l'enseignement de la discipline au x⁰ siècle, rassembla une abondante documentation sur ce sujet, et, pour fortifier l'autorité du canon de Mayence, s'avisa de lui chercher un point d'appui biblique dans un verset du Deutéronome traduit par saint Jérôme, concernant les unions interdites au peuple d'Israël.

L'interprétation du mot *cognatus* par lequel la Vulgate a rendu la pensée de Moïse, n'était basée que sur l'extension récente donnée par l'usage à ce mot. D'ailleurs le législateur hébreu faisait un devoir sacré d'épouser la veuve de son frère, et Réginon plaçait cette alliance au premier rang des incestes. Son point d'appui dans l'ancien Testament était donc fragile. Pourtant l'abbé de Prüm fit école, et les chroniqueurs de la seconde moitié du x° siècle, en constatant des unions entre cousins issus de germain, qui étaient certainement encore assez fréquentes, les déplorent et les stigmatisent.

Entre temps, le *gradus* avait subi une nouvelle évolution, nécessitée par l'accentuation de la discipline dans le sens de la rigueur.

La ligne des père et mère est effacée. Ce sont les frères et sœurs qui forment le premier degré : l'interdiction frappe donc les alliances, non seulement d'un cousin issu de germain avec sa petite cousine, qui se trouve dès lors sa parente au troisième degré, mais avec sa nièce à la mode de Bretagne, avec la fille d'un cousin issu de germain, si l'on maintient les termes de la lettre de Grégoire le Grand.

Tel est l'état où se trouve la jurisprudence canonique à la fin du x° siècle. Les mœurs ont fini par se plier à la première partie de la nouvelle restriction, mais elles n'acceptent pas encore la seconde : dans beaucoup de familles, on persiste à s'allier avec la fille d'un petit cousin.

L'Église tente alors un grand effort, qui lui réussit en France, mais qui n'aboutit pas immédiatement en Germanie. Le roi Robert est excommunié pour avoir épousé Berthe, sa parente du troisième au quatrième degré. Son absolution est au prix d'une rupture. Il se soumet à cette décision qui brise un profond amour et lui imposera plus tard de vifs chagrins, mais, par contre, assurera l'avenir de la race capétienne.

De l'autre côté des Vosges, c'est l'empereur Henri II et le duc de Lorraine, Thierri, qui entreprennent une campagne contre les unions du même genre. A peine proclamé, Henri II réunit un synode où sont conviés les évêques et les nobles de la France orientale. Conon, duc de Worms, est présent. L'Empereur l'interpelle et dénonce comme incestueux son mariage avec Mathilde, fille de sa cousine issue de germaine. Conon proteste, et l'on invite l'évêque de Metz, Adalbéron II, à s'expliquer sur les allégations du prince. L'évêque expose la parenté, que tout le monde connaissait d'ailleurs, et il ajoute ce raisonnement singulier : «Comme il est entendu que dans le calcul des degrés, on ne doit pas faire entrer les frères et sœurs, la consanguinité entre le duc et sa femme ne peut être éloignée au delà du second degré, et l'empêchement canonique subsiste». Une telle prétention déchaîne un orage effroyable : le synode prend l'aspect d'une sédition, et après un échange d'interpellations véhémentes, Conon se retire, suivi de toute la noblesse du pays, sans doute aussi d'une partie du clergé, car force est à l'Empereur de clore le synode, sans délibération sur la question soulevée [1].

Ce ne fut que le 11 août 1023, moins d'un an avant sa mort, que Henri II réussit à faire adopter l'interprétation de l'évêque de Metz et la sienne, dans un synode réuni à Schlestadt par l'archevêque de Mayence, assisté de six autres évêques, mais d'où l'on avait eu la prudence d'exclure tout élément laïque, hormis l'empereur et son porte-épée, le duc de Carinthie [2].

L'Empereur mort, la décision n'eut aucune suite. L'évêque d'Utrecht Adalbold, qui écrivit sa biographie, garde le silence sur ces incidents, mais pour indiquer la parenté de son héros avec Otton III, les expressions qu'il emploie : «Tertius Otto et ipse, tertium ad invicem consanguinitatis gradum tenebant», prouvent qu'il considérait les frères comme tenant la première ligne [3].

Les généalogies allemandes montrent que l'interprétation d'Adelbold d'Utrecht persista au moins jusqu'aux dernières années du xi° siècle. Alors, sous l'influence d'Anselme du Bec et d'Ives de Chartres, il se fit une incroyable poussée dans le sens restrictif. Pascal II ordonna de séparer deux époux, Baudoin VIII de Mons et la fille du duc de Bretagne, l'un et l'autre petits-enfants de cousins issus de germain, et un moine de ce temps-là ose écrire que c'était là *un inceste pire qu'un adultère* [4].

On alla plus loin encore. Ives de Chartres s'efforça de faire casser, dans les premières années du xii° siècle, des mariages entre personnages dont la généalogie, d'ailleurs faussée à plaisir pour rapprocher les générations, faisait remonter le point de contact aux dernières années du ix° siècle. Encore dans l'une de ces tentatives, les gens qu'on représentait comme coupables d'un monstrueux forfait n'étaient-ils pas du tout parents; puisqu'il s'agissait d'empêcher le mariage d'un vicomte de Blois avec la veuve d'un cousin présumé au sixième degré, qui l'était en réalité au huitième.

Le concile de Latran mit fin à ces exagérations en 1215, et réduisit à quatre, en comptant les frères, les degrés de consanguinité prohibitifs du mariage.

La rupture des unions pour cause de parenté seulement laissait intacts les droits des enfants nés de ces unions illicites. Il en était de même dans les autres cas où le mariage était dissous. Les deux principaux de ces cas, à l'époque qui nous intéresse, sont l'entrée d'un des conjoints dans le cloître et la stérilité absolue de la femme.

Le concile de Compiègne, tenu sous le roi Pépin, avec l'assistance du

---

[1] Constantini *Vita Adalberonis II*, ap. Pertz, *Scriptores*, IV, 659.

[2] *Vita Meinwerci*, ap. Pertz, *Scriptores*, XI, 147.

[3] *Vita Henrici II*, ap. Pertz, *Scriptores*, IV, 684.

[4] *Genealogia comitum Flandriae*, ap. Pertz, *Scriptores*, IX, 322.

légat du Pape, Georges, qui consentit expressément à cette décision, établit le principe de la rescision du contrat conjugal si l'un des époux embrassait la vie religieuse. L'autre conjoint pouvait se remarier aussitôt. Le cartulaire de Josaphat contient une charte de Geofroi, évêque de Chartres sous Philippe I*er*, qui constate l'application de ce principe. De même Robert d'Ivry, *divinitus percussus in verendis,* dit Orderic Vital, se fit moine au Bec, laissant dans le monde sa femme, la bienheureuse Hildeburge, que ses parents engagèrent à prendre un autre mari.

Conformément à la jurisprudence canonique, les alliances pouvaient être dénoncées pour cause de stérilité. Les grands, désireux de transmettre leurs biens et leurs honneurs à des héritiers mâles, auraient voulu faire accepter aussi par l'Église, comme cause de rupture, la venue au monde, aux débuts d'un ménage, d'une série consécutive de filles, phénomène considéré comme révélateur d'une incapacité supposée de mettre au monde des garçons. La théologie, rebelle aux incitations de la politique, persistait à regarder ces unions comme parfaitement valables, et les divorcés de ce chef encourant l'excommunication, les familles dont les circonstances avaient lié l'avenir au sort d'un unique rejeton, cherchaient à conjurer le péril de finir en quenouille. De là ce fait, plus fréquent qu'on ne le soupçonne, de mariages contractés par les héritiers d'une race illustre avec des veuves, parfois plus âgées, mais ayant donné le jour à des garçons issus d'un premier lit, et ayant ainsi fait leurs preuves.

Les guerres faisaient fréquemment de jeunes veuves, et celles qui avaient fait preuve d'une aptitude spéciale à continuer les dynasties étaient fort recherchées. Aussi de nombreux souverains ont-ils eu des frères utérins dont la filiation a bien souvent embarrassé les généalogistes.

Les mœurs favorisaient ces combinaisons, en réduisant le deuil obligatoire pour la femme à une période très courte. Un exemple topique montre que, dans les familles palatines, le deuil ne dépassait pas six ou sept mois. C'est le cas d'Adélaïde de Stade, veuve du comte Frédéric III, assassiné le 5 février 1083. Voici comment s'exprime l'historien de la fondation du monastère de Goszec :

Hujus luctus tempore transacto, Adelheid palatina filium genuit, quem, ex nomine patris, Fridericum appellavit. Non multo post, illustri viro nupsit Friderico [1].

Ainsi le deuil légal d'Adélaïde avait pris fin avant la naissance d'un enfant posthume de son mari défunt, et aussitôt après ses relevailles, elle se remarie.

Les veuves — jeunes ou mûres — ne se faisaient pas faute d'user d'une

[1] *Liber de fundatione monasterii Gosecensis,* éd. MADER, p. 219. Cf. WEDEKIND, *Noten,* II, 198.

faculté à laquelle aucune limite n'était imposée ni par les lois, ni par les mœurs. Il se rencontrait des femmes ayant convolé quatre fois. Ainsi fit Osburge, la mère du fondateur de l'abbaye de Gembloux, au début du x° siècle; et, chose digne de remarque, elle donna des fils à chacun de ses quatre maris. L'historien Sigebert, qui écrivait à la fin de la période que nous étudions, fait bien des réserves en rappelant ce que, par une singulière interversion du lexique, il appelle une *polygamie*. «Cette femme, dit-il, invoquait la maxime de saint Paul : *Mieux vaut se marier que griller.* Mais elle abusait vraiment de l'indulgence apostolique!» — L'abus était dans l'esprit de Sigebert; un contemporain d'Osburge n'en eût pas été frappé.

Sur ce point, comme sur ceux qui précèdent, il serait aisé de multiplier les exemples. Nous n'en avons cité aucun qui, dans les circonstances du récit, revête un caractère d'exception. Nous croyons ainsi avoir fidèlement rendu l'état des mœurs du ix° au xi° siècle, sur les conditions du mariage.